Andreas Riem

Supplement zu der Schrift an den Kongreß zu Rastadt

Andreas Riem

Supplement zu der Schrift an den Kongreß zu Rastadt

ISBN/EAN: 9783744617543

Hergestellt in Europa, USA, Kanada, Australien, Japan

Cover: Foto ©ninafisch / pixelio.de

Weitere Bücher finden Sie auf **www.hansebooks.com**

Supplement

zu der Schrift:

An den Congreß

zu Rastadt.

Von

einem Staatsmanne.

---

im July 1798.

Auf Kosten des Verfassers.

Supplement
zu der Schrift:
An den Congreß
zu Rastadt.

XXI.

Gegenwärtige Lage der Friedensunterhandlungen.

Seit der Zeit, daß ich die Abhandlung: an den Congreß zu Rastadt herausgab, haben die Negoziationen ganz jene Wendung genommen, wie sie zu Herstellung des Friedens am günstigsten sind. Die Reichs-Deputation hat mit einer Weisheit, die ihren Kenntnissen von Deutschlands wahrem Wohl Ehre macht, der großen fränkischen Republik jene Grenze abgetreten, welche die Natur zwischen beyden Staaten angelegt hat. Sie hat weislich von ihren Forderungen, einen Theil des linken Rhein-Ufers zu behalten, abgestanden, und dadurch Deutschlands künftige Ruhe gesichert.

Dadurch wurde nun die Hauptsache des ganzen Friedensgeschäfts ins reine gebracht, bis auf die darauf folgende Basis — der Entschädigungsgrundsäze. — Die fränkische Gesandschaft schlug dazu mit richtiger Sachkenntniß, Säcularisationen vor, welche die Reichs-Deputation aus

Gränzen, die wir bald einsehen werden, zum Theil ablehnte, zum Theil modifizirte. Die Republik schlug ferner die Zollfreyheit auf dem Rheinstrom, und andern Flüssen vor — begehrte den Besitz des Rheinstroms mit seinen Inseln; die Schleifung von Ehrenbreitstein, und die Beybehaltung der Brückenköpfe, die ihr unentbehrlich sind, und einen Theil der Hauptvertheidigung ihrer Festungen auf dem linken Rheinufer ausmachen. Sie gab den Besitzern ritterschaftlicher Güter auf dem linken Rheinufer als Bürgern ihren Besitzstand mit Ausnahme der Hoheits-Rechte und des Feudal-Nexus, und stipulirte die Unabhängigkeit geistlicher Domainen eines Ufers von dem andern [illegible]

Alle diese letztern Forderungen sind bis heute noch nicht von dem Reiche eingestanden — wir wollen untersuchen, warum? und was die Folgen davon seyn können. Sie liegen eines Theils, in der Zusammensetzung der Reichs-Deputation, aus heterogenem, sich widerstreitendem Intresse, und andern Theils, in Mißverständnissen über Deutschlands wahre Vortheile.

XXII.

Widerstreitendes Intresse der negozirenden Reichs-Theile.

Es war kein Wunder, daß die Friedens-Negoziationen in eine Art von Stockung gehaben, als Oestreich, Preussen, Pfalz, Pfalz = Zweybrücken, Hessen-Darmstadt, die Reichs = Ritterschaft, Baaden u. s. w. haben ein ganz eigentliches Intresse Entschädigung zu verlangen. Sollen sie weltliche Regenten unterdrücken, und die erblichen Rechte gutregierender Häuser aufheben; einen Theil ihrer weltlichen Mitstände vernichten, um den andern Theil mit ihren Ländern zu entschädigen, und die hochheilige Reichs-Geistlichkeit, und Stiftsfähige Priester-Familien zu begünstigen? Dieß, glaube ich, enthält in sich eine positive Nullität, und würde stärker in die Constitution Deutschlands eingreifen, als die Vernichtung aller Geistlichen zusammengenommen, die nie erbliche Rechte, sondern blos usufructuarische ad dies vitae haben, weil sie blos an successionsfähige

Bastarde zeugen können. Dieses läßt sich von dem weltlichen Reichs-Theile weder mit Vernunft verlangen, noch mit der geringsten Wahrscheinlichkeit erwarten.

Indessen ist es auch wahr, daß durch die Säkularisation die ganze geistliche Reichs-Bank gesprengt, und das Reich in das unaussprechliche Elend versetzt werden würde, ohne Priester berathschlagen zu müssen. Da nun, Gott weiß mit welchem Rechte, sich der Stifts- und Bischofswahlfähige Adel Deutschlands, sobald er durch das Sakrament der Priesterweihe, den heiligen Geist leibhaftig erhalten hat, für den heiligen Theil des römischen Reichs (ob er gleich nicht das Pudendum desselben ist) hält, und weil die dritte Person der Gottheit in zwey und siebenzig Vertretern der Erzbischöfe, Bischöfe, Aebte, Aebtissinnen (denn auch die geistlichen Damen haben Sitz und Stimme auf dem Reichstage, was aber bloß deutsche Galanterie nachläßt, und sonst in der ganzen weiten Welt unerhört ist, und so formirt die Reichsversammlung ein Verein von geistlichen und weltlichen männlichen, und geistlichen weiblichen Gliedern) auf der geistlichen Bank mitsitzt, sich für die Vornehmste ausgiebt, so kann es nicht fehlen, daß durch Umwerfung dieser geistlichen Bank, der Geist priesterlicher Weisheit zugleich proscribirt werde. Dieses aber, behaupten nun die geistlichen Deputirten, ist eine gänzliche und das Reich in seinen Grundfesten erschütternde Infraktion deutscher Constitution; welche das weltliche Intresse dadurch auf einmal aufhebt, daß man sich überzeugt, daß weltliche Fürsten an der Stelle der Geistlichen, das Gebäude der germanischen Constitution besser unterstützen können, als alle geistliche Damen und Herren, mit dem ganzen Gefolge ihrer dem himmlischen Bräutigam gewidmeten Weibsleute und Pfaffen.

So widerstreitet sich das priesterliche und weltliche Interesse, und ein heimlicher Krieg der Intrigue herrscht unter dem Interesse beyder Stände. Denn wir wissen aus der Erfahrung, daß der heilige Theil des Reichs, in seinen geistlichen Gliedern, lieber um sich her greift, als eine gewonnene Beute fahren läßt. Wären ihm nicht des Himmelreichs Schlüssel genommen, und das Schloß an der Himmelsthüre so total eingerostet, daß der Schlüssel des Banns gar keine Wirkung mehr äußert, so würden wir gräßliche Wuder sehen, und was den betreffen würde, der nur den Vorschlag zu Secularisationen wagte. So widerstreitet also die Furcht vor gänzlicher Vernichtung den geistlichen Reichstheile, dem Interesse der Entschädigung des weltlichen. Wer will in der deutschen Reichs-Deputation diesen verzweifelten Knoten auflösen? Ohne daß man ihn zerhaue, findet ihr seine Extreme nicht, ihn zu entwickeln.

Dieß sind nun die Elemente der Zusammensetzung einer Deputation, die gemeinschaftlich auf Wiederherstellung des Friedens wirken soll. Weltliches und Priester-Interesse, von dem Ersteren um das Andere mit sich zu vereinigen, auf Entschädigung Verzicht leisten, das ist, sich selbsten vernichten muß; oder das zweyte gegen sich selbst zu werken genöthigt ist, wenn es anders den Frieden wieder herstellen helfen will.

Ich frage einen jeden einsichtsvollen Politiker hier: Ob eine aus geistlichen und weltlichen Gliedern bestehende Reichs-Deputation im geringsten nur im Stande ist, oder eine Tauglichkeit besitze, auf den Fuß der Säcularisationen den Frieden zu unterhandeln?

Man suchte von Seiten des Reichs dem Uebel dadurch zu begegnen, daß man die Säcularisation, in so weit sie nöthig sey, um zu entschädigen, vorschlug. In der Freude ihres Herzens glaubten nun gewisse geistliche Comittirte an die Erhaltung geistlicher Fürstenthümer. Wir wollen sehen was das quantum sufficit auf sich habe.

Wir können den Verlust der weltlichen Fürsten auf dem linken Rhein-Ufer nicht unter tausend Quadrat-Meilen annehmen. Das quantum sufficit der zu säcularisirenden geistlichen Stifter möchte kaum hinreichen, diesen Verlust zu decken, und wenn man alle Besizzungen der geistlichen Churfürsten dazu nähme. Denn so enthält Bamberg, fünf und sechzig Quadrat-Meilen; Würzburg, fünf und neunzig; Salzburg, einhundert und achtzig; Passau, funfzehn; also die grösten Bisthümer nicht mehr als dreyhundert fünf und funfzig Quadrat-Meilen. Rechnet man nun noch dreyhundert auf die Abteyen ꝛc. so ergeben sich noch nicht viel über sechshundert und funfzig zur Entschädigung der Tausend an weltliche Fürsten. Wie ist es möglich eine richtige Bilance zu ziehen, ohne den Rest von Mainz, dessen Gebiet in Thüringen, dem Eichsfeld, und dem Reste von Worms; jenem von Trier mit Augsburg und Ellwangen und jenem von Cölln mit dem Herzogthum Westphalen, Recklingshausen und Münster 2c. mit hinzu zu fügen, sollen anders alle verlierende weltliche Herrn entschädigt werden? Und sollten wirklich kleine Reste übrig bleiben, verlohnen sie wohl der Mühe übrig gelassen zu werden, da fast alle geistliche Besitzungen säcularisirt werden müssen.

Setzen wir nun noch hinzu, daß ein geistlicher Fürst das Direktorium der Friedensangelegenheiten hat, so kann man wohl leicht einsehen, daß entweder ein Streit unter den Ständen des Reichs selbst ausbrechen müsse; daß der Friede nicht zu einem leichten und erwünschten Ende kommen werde; und sollten Deutschlands Fürsten wirklich entschädiget werden, daß die Säcularisation, wie es auch den Schein bereits hat, daß es geschehen werde, nicht bey der Reichs-Deputation zu Rastadt ehe zur Sprache komme, bis die mächtigsten contrahirenden Theile bereits darüber einverstanden sind, und diese Angelegenheit sodann dem Reiche zum Beytritt vorgelegt werde; da es dann keinem Zweifel unterworfen seyn möchte, daß nicht die Pluralität der weltlichen Stimmen beytreten werde, deren oberstes Intresse eine allgemeine Säcularisation ohne alle Ausnahme erfordert.

XXIII.

Zollfreyheit der deutschen Flüsse.

Die Freyheit des Handels, seine Ermunterung und Belebung, liegt in dem

Grundsätzen einer wohl administrirten Republik, und sollte billig auch in jenen gut administrirter Monarchien liegen. Um nicht eine und dieselbe Sache zweymal zu sagen, verweise ich meine Leser auf das achte Heft der Zeitschrift: Europens politische Lage und Staats-Intresse, wo sie dieses, und die Sache wegen Ehrenbreitstein, weitläuftig erörtert finden werden. Es gereicht der Reichs-Deputation zur Ehre, daß sie die Nützlichkeit der freyen Schiffahrt auf dem Rheine, als allen Staaten vortheilhaft, bereits so gut als zugegeben hat, ob sie diesen Artikel gleich zu einem Artikel des Commerz-Traktats machen will, wohin er aber, meiner wenigen Einsicht zu Folge, aus wichtigen Gründen dießmal nicht gehört.

Einmal ist die Freyheit eines so beträchtlichen Stroms, als der Rhein ist, nicht blos eine Sache der zwey contrahirenden Mächte, Frankreich und Deutschland, sondern zugleich eine Angelegenheit aller Mächte des festen Landes, deren Unterthanen Handel auf diesem Flusse treiben, wodurch die Angelegenheit blos politisch wird. Von einer andern Seite betrift diese Sache die Grenze der Republik, und diese, da die Inseln und der ganze Strom als Grenze verlangt wird, muß eine eben so freye Grenze seyn, als alle andere derselben.

Ich glaube auch nicht, daß die Republik dieses als Gegenstand der Negoziation ansieht, da sich die freye Disposition über den Strom von selbst versteht, sobald die Herrschaft über denselben abgetreten wird, sondern vorzüglich den Leinpfad, und dessen Freyheit, wo er auf das Land des rechten Rhein-Ufers geht, und die Freyheit der in den Rhein einströmenden Flüsse.

Letzteres ist, wie ich am angeführten Orte nachgewiesen habe, eine Sache, die ungleich mehr den Vortheil von Deutschland, als jenen der großen Republik betrift. Denn findet sie blos an dem Rheine, und nicht auf den einlaufenden schiffbaren Flüssen Statt, so ist nichts natürlicher, als daß sich der ganze Handel aus Nord-Deutschland herab, und fast ganz an das freye Rhein-Ufer von beyden Seiten ziehen müsse, sollen anders die Bewohner dieses Theils von Deutschland nicht ihre Waaren theurer bezahlen, als die am Rheine.

Dort würde, die am angeführten Orte nachgewiesene Inconvenienz eintreten, daß die vom Rhein am weitsten entlegenen deutschen Staaten, die dem Rhein näher liegenden Zölle, durch den hohen Preis der Waaren decken müßten, wodurch nothwendig die ganze Last aller Zölle, und die Wiedererstattung derselben an den Kaufmann, allein auf jene, nicht aber auf die am Rhein zunächst liegenden fallen würde. Die contrahirenden, und am weitsten abliegenden Länder-Besitzer müssen nicht vergessen, daß der Kaufmann nie die Zölle bezahlt, sondern nur vorschießt; daß je mehr er zu entrichten hat, je höher müsse der Preis der Waaren werden, auf welche er seine Abgaben repartirt; und daß sie es sind, welche zuletzt, im Verhältniß ihres Waaren-Bedarfs, alle Zoll-Abgaben, die darauf allenthalden erlegt warden, alleine wieder ersetzen müssen.

Zum Beyspiele: ein Centner Zucker gäbe Eins vom Hundert auf jedem Zolle; so muß das Land, wo nur Ein Zoll entrichtet wird, dieses Eine Procent in den Waaren bezahlen. Geht es fünf bis zehn Zollstätte vorbey, so muß der Kaufmann die Zölle der neun vorliegenden auf die Waaren, die an der zehnten ausgeladen werden, schlagen, denn er kann am Werthe der Waaren nicht verlieren, folglich bezahlen die Abnehmer an der zehnten Zollstätte alle Auslagen, die an den neun vorliegenden entrichtet wurden, und die Regenten besteuern so immer ein vorliegender den andern, bis auf den letzten, der keinen mehr zu besteuern vor sich hat. Es ist ein Tribut, den ein Staat dem andern in

Deutschland entrichtet, und wo keiner schlimmer daran ist, als der letztliegende, der für alle vorliegende bezahlen muß, wodurch alle Waaren theurer werden, als an andern Orten.

Wenn also die französische Gesandschaft Vorschläge dieser Art that, so geschah es wohl lediglich, um dem Handel von ganz Deutschland ein neues Leben und eine Verstärkung zu geben, die für beyde contrahirende Theile nicht nur, sondern allen handelnden Nationen zugleich vortheilhaft seyn mußten. Sie schlugen eine Maaßregel vor, deren innere Güte man längst schon hätte erkennen, und sie einführen sollen.

Dinge von solchem Gewichte, die alle Nationen betreffen, können zu keinem Commerztraktat zweyer Nationen unter sich verwiesen werden. Die Grösse und der Umfang des Gegenstandes, sein Einfluß auf die wahre Wohlfahrt der Staaten, und die Zufriedenheit unter sich, und daß dieses alles mit der Grenz-Berichtigung unmittelbar zusammenhängt, dieß macht diese Sache allerdings zu einer politischen Angelegenheit; und das um so mehr, als dieser Zollfreyheit der Grenze ganz mit den constitutiven und politischen Grundsätzen der Republik überhaupt zusammen verwebt ist.

XXIV.

Schleifung der Festung Ehrenbreitstein, und Beybehaltung einiger Brückenköpfe.

Ich habe auch diesen Gegenstand im achten Hefte der Zeitschrift: Europens politische Lage und Staatsintresse, bereits auseinander gesetzt, und verweise meine Leser gleichfalls dahin, um hier nichts zu wiederholen. Mir scheint sie auf alle Fälle zu Koblenz, das sie zu dominiren errichtet ist, zu gehören, und sich durchaus nicht mit der Sicherheit der Stadt zu vertragen. Sie war nie eine eigentliche Reichs-Festung wie Philipsburg. Hat auch keine angemessene Lage zu einer solchen, da man ihre Bestimmung durch ihre Nähe bey der Stadt genau kennen lernt. Koblenz ist durchaus in den Händen des Besitzers dieser Festung, der sie alle Tage in Brand stekken kann, eine Sache, die sich so wenig mit der Sicherheit der Stadt, als der Ehre der Republik verträgt, welche ihren Städten Schutz gegen alle Gefahren und ganz vorzüglich die Wegnahme einer solchen Brille auf der Nase schuldig ist. Die Schleifung von Ehrenbreitstein ist eine der ersten Erforderniſſe des Departements dieser Gegend, und kann zu Mißverständnissen, wenn es nicht geschleifet wird, eine eben so schädliche als bereuungswürdige Veranlassung geben.

Der Brückenkopf einer jeden Festung, ist gleichsam ein nothwendiger Theil der Festung selbst, wenn diese, wie Maynz, blos von dieser Seite leicht anzugreifen ist. Cassel ist die Vorstadt von Maynz, und seine Festungswerke, die stärkste Sicherung der Stadt. Maynz appuhirt sich ganz an den Rhein. Anders ist dieses bey Mannheim, das zwischen sich und dem Rhein Fortificationen hat, und also eines weit entlegenen Brückenkopfs weniger bedarf. Die Schleifung der Rheinschanze bey Mannheim redet deswegen mehr für die Forderungen von Frankreich, als gegen dieselben. Die Republik hätte sie beybehalten können, da sie nicht eigentlich zu den Festungswerken der Stadt gehört, sondern blos zur Communication der beyden Länder rechts und links des Rheinstroms, die einem Herrn gehörten und durch eine Brücke verbunden waren, diente. Die Republik schleifte das Fort, das Mannheim sehr hätte beunruhigen können, und eben so sollte man es mit Ehrenbreitstein machen, das keine Stadt und keine Provinz in Deutschland sichern kann, da die Republik zum Uebergang über den Rhein Punkte genug hat, die befestiget sind; und also von Ehrenbreitstein aus nicht aufgehalten werden kann. Diese Festung ist jetzt mehr vorhanden zu chikaniren, als große Dienste zu leisten.

XXV.

Reichs = Ritterschaft.

Die grosse Republik hat in Beziehung auf die Territorien der Reichs-Ritterschaft auf dem linken Rhein-Ufer eine Erklärung gegeben, die ihre Mässigung in ein vollständiges Licht setzt. Sie konnte alle Güter, als Güter einer Korporation, die einen eigenen Stand auf dem Reichstage ausmacht, und unmittelbar, blos von Kayser und Reich abhängt, folglich einen unabhängigen Reichstheil ausmacht, so gut als Reichs-Territorium ansehen und behandeln, wie die Domainen der Chur- und andern Fürsten auf dem linken Rhein-Ufer.

Statt dessen that sie einen für die individuellen Güter-Besitzer höchst vortheilhaften

Schritt, und erklärte, daß sie diese Güter als Privat-Eigenthum ansehen wollte, falls die Besitzer sich den Gesetzen der Republik unterwerfen wollten. Nie konnte die Republik, welche alle Stände in einen — den Bürgerstand — zusammenschmolz, diesem Theile der Republik eine Ausnahme von der Constitution gestatten, und seinem Adel Feudal- oder Hoheits-Rechte, oder Exemtionen laßen. Eben so wenig erlauben ihre Grundsätze, die auf dem rechten Rhein-Ufer wohnenden ritterschaftlichen Besitzer von Gütern auf dem linken Rhein-Ufer anders als fremde anzusehen, die nach der fränkischen Verfassung, Güter, wie jeder Bürger ohne alle Exemtion besitzen, die im Gebiete der Republik liegen. Die Ritterschaft, die auf dem rechten Rhein-Ufer Hoheitsrechte ꝛc. ausübt, kann blos unter dem Titel von

Passiv-Bürgern (und wohl gar, ohne je, das Aktiv-Bürgerrecht auf dem linken erhalten zu können, so lange sie der Corporation auf dem rechten Ufer nicht entsagen) Besizzungen haben, und nach bürgerlichem Fuße benutzen.

Der gegenseitige Fall ist ganz ungedenkbar, da er die Grundpfeiler der Republik, Freyheit und Gleichheit der Rechte, erschüttern würde, sobald ein Staat mit Feudal- und Souveränitäts-Rechten, im Staate der Republik sollte zugelassen werden. Zwar bestimmt die Note der Reichs-Deputation nicht im besondern, worin „die auf Gerechtigkeit und „Billigkeit gegründeten Rücksich-„ten bestehen, welche die Republik „vermögen könnten, der Reichs-

„Ritterschaft mehr, als das Ei-„genthum ihrer Güter und Besiz-„zungen zuzusichern.“ Ich bin überzeugt, daß die Weisheit der Reichs-Deputation nicht verlangen werde, daß die große Republik einigen Individuen des deutschen Adels zu gefallen, eine neue Constitution für die ganze Republik entwerfen, oder gegen dieselbe einzelne Menschen privilegiren solle; wir müssen also annehmen, daß das Verlangen der Reichs-Deputation, entweder nur so hingeworfen, um doch etwas zu erinnern, oder nichts weniger als so gemeinet sey, daß dadurch die Verfassung der Republik belästiget werde.

Ueberhaupt ist die Note vom 6sten J. so ins allgemeine gehend, so unbestimmt, daß ich nicht begreifen kann, wie der Concipient am Ende sagen konnte, es sey dadurch alles vollständig erschöpfet.

Wir können mit Gewißheit das Schicksal der Ritterschaft wissen, da uns der Geist republikanischer Gesetze nicht unbekannt ist.

Die Ritterschaft, welche sich auf dem linken Rhein-Ufer, die Erhöhung zum Stande eines fränkischen Bürgers zur Ehre schätzt, und auf ihren Gütern die Pflichten der Bürger übernimmt, wird wie jeder andere Bürger sein Eigenthum behalten.

Jeder Adliche, der als Fremder Güter in der Republik besitzen will, und dem dieser Besitz erlaubt wird, wird sie nicht anders als blos als Passiv-Bürger besitzen können. Denn der wahre Republikanismus erlaube nicht, daß jemand in der Republik Staatsämter bekleide und auf dem rechten Rhein-Ufer Ordensbänder oder Kammerherrenschlüssel trage.

Indessen will ich damit nicht sagen, daß die Republik vielleicht nicht am allersichersten gienge, wenn sie regierende Edelleute auf dem rechten Rhein-Ufer, auch nicht einmal als Passiv-Bürger duldete, da die beyden Begriffe des Souverains und des Beysassen etwas incompatibel sind.

Genug, die Republik kann und wird keinen Besitzstand einräumen, der die Grundgesetze der Gleichheit und Freyheit beeinträchtiget, und alle Negoziationen dagegen müssen wie leere Seifenblasen angesehen werden, mit denen die geistlichen Negoziatoren Zeit zu gewinnen suchen, um die weltlichen zu amüsiren; ihren Entschädigungs-Plan zu vernichten, und vielleicht eine Coalition herbey zu temporisiren, die sich das Seil listiger Pfaffen um die Hörner werfen läßt, damit sie noch einige Zeit erhalten werden, und sollte dabey das ganze Reich zu Grunde gehen.

Nehmen wir die Noten der Reichs-Deputation überhaupt, so tragen sie fast alle einen Passiv-Charakter an sich, der sehr natürlich die Idee bey sich führt, daß der größte Reichs-Theil nur eine sehr subalterne Rolle dabey spiele. Die Langsamkeit der Geschäfte verräth eine gewisse Intrigue der furchtsamen geistlichen Stände gegen die mächtigen weltlichen; der Ton, ein Schwanken zwischen Nachgeben und Vorsatz Stärke zu äußern, und dieser letztere scheint da nur einzutreten, wo man sich des Beyfalls der mächtigsten Stände vorher versicherte.

XXVI.

Geistliche Etablissements auf den beyden Rhein-Ufern.

Die französische Republik, welche allen Concurrenzen von Mißverständnissen aus dem Wege gehen will, verlangt mit vernünftigen Gründen; die Unabhängigkeit der geistlichen Stiftungen und Dependenzen für jedes Rhein-Ufer. Der Reichs-Deputation kann es unmöglich entgehen, daß sie diesem Grundsatz der republikanischen Verfassung, nach dem Vorgeben des Reichstages zu Regensburg, den ganzen unglücklichen Krieg zu verdanken hat, den sie gegenwärtig durch einen Frieden zu beendigen sucht. Es ist mir unbegreiflich, wie der geistliche Theil desselben glauben kann, die Republik werde nach einem glorreichen Siege, Grundsätze aufgeben, die ins Wesen der Konstitution, die keine fremde Oberherrlichkeit auf dem Gebiete der Republik zuläßt, verflochten sind.

Die feine Kasuistik der dabey am meisten intressirten Geistlichkeit scheint diesen Gesichtspunkt vorbeygegangen zu seyn, weil er zu künftigem Zwiespalt ein weites Feld eröffnet, sobald Dependenzen eines Ufers vom andern zugelassen werden. Uebrigens glaube ich, daß die Reichs-Deputation sehr gegen das Intresse des rechten Rhein-Ufers sich vergehen möchte, wenn sie diesen Vorschlag der Republik nicht ohne Einschränkungen eingeht.

Mir dünkt es es in der Natur der Sache begründet zu liegen, daß die Hauptstifter von Maynz, Trier, Cölln, Lüttich, Speyer, Worms rc. mehr und ergiebigere Dependenzen auf dem rechten Rheinufer haben, als diese auf dem linken, denn ich mag meine Augen auf dem rechten Rheinufer hinrichten wo ich will, so finde ich kein einziges katholisches Stift, das mit dem geringsten des linken Rheinufers in Bezirhung auf seine Dependenzen verglichen werden könnte. Die Stiftgüter der heiligen Geistkirche zu Heydelberg, und die Güter der Universität daselbst, sind die einzigen, die mir als bedeutend gegenwärtig einfallen.

Ich kann überhaupt nicht begreifen, was die Reichs-Deputation damit verlange: daß man sich wohl über den Begriff dieser Etablissements sowohl als ihrer Dependenzen vorher zu vereinigen suchen müßte. Ich sehe hier überall nichts, wo die logische Berichtigung eines Begriffs etwas dazu beytragen könne, daß die Republik ein direktes oder indirektes fremdes Dominium auf dem Boden ihrer Staaten anerkennen sollte. Man mildere durch die feinste bischöfliche Kasuistik den Begriff von Dependenz so viel man wolle, so kann die Republik nach ihrer Verfassung auch nicht den geringsten Schein einer Dependenz zulassen. Sie opfert lieber die ihr daraus hervorgehenden grössern Vortheile, wenn diese Dependenz Platz hätte, auf, und begnügt sich mit einem völlig unabhängigen, obgleich geringern Dominium auf ihrer Seite.

Ueberall wohin man in dieser Note sieht, scheint sie ein Werk von einem geistlichen Deputatus zu seyn, der mit Subtilitäten und Spitzfindigkeiten den Friedensgeschäftsgang aufzuhalten sucht. Ganz von dieser Art ist die Deduction über die Beybehaltung der Rheinzölle, weil gewisse geistliche Churfürsten sie verpfändet haben. Kann denn dieses alles nicht auf denjenigen Fürsten und seine Länder übertragen werden, der das Land dieses Fürsten in Besitz nimmt? Kann nicht das Territorial-Quantum so angelegt werden, daß dafür eine Entschädigung Statt finde? Wer löst denn dem Churfürsten von der Pfalz diejenigen Oberämter ein, die er verpfändete, um den Kriegsetat bestreiten zu können? warum sollen alle handelnde Nationen Rheinzölle entrichten, damit ein geistlicher Herr seine Schulden bezahle, die er nicht zu bezahlen hat, wenn sein Bißthum säcularisirt werden sollte? und solch eine Note soll eine vollständige Beantwortung dessen seyn, was die französische so klar und so deutlich bestimmte?

XXVII.

Ursachen der Langsamkeit des Friedensgeschäfts zu Rastadt.

Wir haben bereits im 22sten Kapitel einige dieser Ursachen angegeben, die aus dem widerstreitenden Intresse der Reichsfürsten hervorgehen; aber dieses sind noch nicht alle Ursachen der Verzögerungen. Meiner wenigen

Einsicht nach ist die Reichs-Deputation gar nicht in der Lage, Frieden negoziren, vielweniger schliessen zu können, als thäte sie es selbsten. Ihre sämmtlichen Berathschlagungen können nicht wirksam seyn, sobald der Gegenstand derselben von Gewicht, und mit dem Kabinet zu Wien und Berlin nicht vorher ins Reine gebracht ist. Die Republik macht Vorschläge. Indessen die Reichs-Deputation darüber deliberirt, entscheiden diese Kabinete, was geschehen soll. Auf diese Weise ist die Reichs-Deputation das Sprachrohr, durch welches die Beschlüsse dieser Kabinette, und einiger der mächtigern Reichsfürsten bekannt werden. Dieses hindert sehr natürlich den Gang der Negoziationen beträchtlich, besonders wenn die Instructionen nicht einmal eine ernsthafte Deliberation über einen wichtigen Punkt erlauben. In diesem Falle sind die häufigen Anfragen, Ursachen des langsamen Ganges der Friedensunterhandlungen.

Die verdrießlichen Vorfälle zu Wien waren ebenfalls ein Hinderniß, daß das Friedensgeschäft nicht vorrückte. Diese mußten erst ausgeglichen werden, ehe man vorwärts rücken, oder einen Frieden mit kayserlicher Ratification zu schließen hoffen konnte.

Ein wichtiger Grund, warum wir weniger Aussicht haben, daß der Friede zu Rastadt sehr bald geschlossen werden möchte, ist die so sehr wichtige Ausgleichung der Entschädigungssache. Diese kann unmöglich, ohne eine sehr große Veränderung in der Reichsconstitution Statt finden. Hier muß ein dichter Schleyer des Geheimnisses die besondern Negoziationen decken, weil das Intresse mancher Reichsfürsten dabey leiden muß. Hier sind vorzüglich alle geistliche Fürsten auf einem Kampfplatz, wo sie alle Mittel der Politik erschöpfen müssen, und sich doch nicht werden halten können, da ihre Sache lange nicht so gut ist, wie die der weltlichen Fürsten.

So negozirte Maynz, und erhielt die Hoffnung, erhalten zu werden. Dieses aber möchte am Ende wie manche Hoffnungen sich auflösen, da die grossen Mächte nirgends einen rechtlichen oder sonstigen Grund auffinden möchten, Maynz in größern Rechten auf Erhaltung zu finden, als Trier und Cölln.

Ueberall findet sich ferner kein hinreichendes Entschädigungs-Quantum, wenn die Erz- und Bißthümer nicht säcularisirt werden sollten. Daß weltliche Fürsten aber ihrer Länder sollten verlustig erklärt werden, um Geistliche ohne Nothwendigkeit und Nutzen zu erhalten, dieß ist eine Idee, über welche ich das Urtheil jedem meiner Leser selbst überlasse. Daß übrigens jeder verlierende weltliche Fürst seinen Verlust ohne Entschädigung tragen müsse, ist eben so wenig gedenkbar, da der Geistlichen halben der Krieg erklärt wurde, durch welchen der Verlust der Weltlichen verursacht wurde. Wir sind zwar vollkommen überzeugt, daß die geistlichen Fürsten, Bischöffe, Aebte, Pröbste u. dergl. dieses ihrer eigenen Säcularisirung vorziehen würden, auch unter dem Titel: „Beybehaltung der deutschen Reichsverfassung," dazu der Vorschläge fähig sind, aber ich glaube schwerlich, daß man eine Vereinigung von Priestern, und ihre Beybehaltung jener der weltlichen Fürsten vorziehen möchte. Und das Vorurtheil von Religion möchte auch seine Grenzen bey denen haben, die keine Gespenster fürchten.

Ich hoffe, ob gleich nicht mit voller Wahrscheinlichkeit, daß Deutschlands weltliche Fürsten von einem Ende des Reichs bis zum Andern, alle geistliche und protestantische Stifter, die mit Einkünften ohne Aemter versehen sind, auf heben werden. Alle Domherrn, Kanonici, Präbendaten; alle Aebte und Aebtissinnen; alle beträchtliche einzelnen Korporationen zugehörige Länder und Einkünfte, schicken sich besser in die Staatskassen, um die Lasten der Völker zu erleichtern, ihre Unzufriedenheit zu stillen, und den Regenten bessere Aussichten auf die Zukunft zu gewähren. Die Regenten haben alle mehr oder weniger durch den Krieg gelitten. Viele sind völlig verarmt. Ganze oder halbe Länder sind Gläubigern verpfändet; grosse Summen sind verloren gegangen; welches Mittel kann vernunftmäßiger, gerechter und zwangloser seyn, als wenn man Pfaffen, Mönche, Nonnen, mit ihren Vorgesetzten aussterben läßt, und faulen Schlemmern, die von Präbenden leben, eine gesundere Diät vorschreibt? Hier ist doch wohl besser, daß man ein faules Glied, das nichts nützt, vom Staatskörper abschneide, als daß man den ganzen Staat dadurch umkommen läßt.

Nie — Nie wird ein glücklicherer Zeitpunkt eintreten, als der gegenwärtige ist, das Beste der Staaten, durch Unterdrückung eines nicht nur unnützlichen, sondern zugleich höchst verderblichen Standes, zu befördern. Ein allgemeines Einverständniß der Fürsten und weltlichen Stände des Reichs ist eine der leichtesten Operationen von der Welt in dieser Epoche. Die Operation selbst würde die schwindsüchtigen Umstände deutscher Finanzen wieder herstellen; das Reich mehrere Kräfte bekommen, und Fürsten dabey in Wohlstand kommen, die jetzt mehr schuldig sind, als sie in alle Ewigkeit werden bezahlen können. Nur muß alsdann eine weise

Oekonomie sie in der Verwaltung der wieder hergestellten Finanzen leiten, und sie müssen sich daraus einen Fond anlegen, der für unvorhergesehene Vorfälle, soviel nöthig ist, übrig läßt. Es ist doch warlich besser, daß der Abt zu St. Blasius Bauchknurren habe, als daß z. E. der brave Markgraf von Baden hungere. Und so ist es überall, wo der Böse Pfaffenbanden in die Welt fallen ließ, die ärger um sich griffen und greifen, wie Räuberbanden. Man gebe dem Himmel seine Halleluja-Sänger, und den Regenten ihre Güter, dieses wäre zugleich das sicherste Mittel, den Streit über die geistlichen Etablissements und ihre Dependenzen auf beyden Rheinufern auszugleichen.

Zu den Hindernissen, die einer raschen Abschließung des Friedens im Wege stehen, gehört auch das Privat-Intresse der einzelnen weltlichen Fürsten. Hier liegt, wenn ich auf Deutschland sehe, wie ich es mir denke, und vielleicht irrig, vielleicht wahr denke, das größte Labyrinth von Besorgnissen, Furcht, Hoffnungen, Erwartungen, Wünschen, geheimen Negoziationen; Espionage der mächtigern Höfe um sein Schicksal zu erfahren, hin und herreisen der Fürsten, um sich zu empfehlen; Minister auf den Straßen nach allen negozirenden großen Staaten, ein Gewühl von berathschlagenden tonsirten Köpfen, steifen Taubenflügel-Frisuren, reichsstädtischen Peruquen, in immerwährender Bewegung von Consultationen, Deliberationen, Instructionen, Insinuationen,

Versprechungen, Implorationen, Deductionen und den mancherley Arten, pro conseruanda republica, und des status quo zu arbeiten, wie auf einer Tabula rasa vor mir. Alles dieses wirkt mehr oder weniger auf die Delegaten beym Congresse; alles hindert mehr oder weniger den Gang der Negoziation, und arbeitet am Gewinn von Zeit zur sichern Erreichung von Hoffnungen und Wünschen, und zur Entfernung grosser Besorgnisse.

Nehmet nun noch dazu die grossen Operationen der mächtigen Reichsstände, zu Acquisitionen, Arrondirungen, Ländertausch, politische Vertheilungen, Grenzberichtigungen, Kalkulirung der Vortheile aus Abtretungen und Entschädigungen, Normalgrundsätze das Ganze einzuleiten und ohne Gefahr zu vollenden, und ihr habt ein ziemlich vollständiges Bild der Bewegung des unermeßlichen deutschen Ameisenhaufens, wie es vor meiner Idee liegt, die indessen auch irren kann, wenn hier anders ein Irrthum möglich ist.

Bey solchen sich nach allen Linien durchkreuzenden Bewegungen von 300 Souverainen, und 1500 ritterschaftlichen ꝛc. Intressen, kann es wohl nicht leicht möglich seyn, daß ein baldiger Friede erfolge, wenn Oesterreichs und Brandenburgs Zauberstab nicht Ruhe gebietet, Deutschlands Kuratel übernimmt, und den gewaltig verschlungenen Knoten zerhaut. Nur diese können und werden mit der großen Republik abschließen können, und das oberste Gesetz einer gebiethenden Nothwendigkeit wird Deutschlands Fürsten zwingen, damit zufrieden zu seyn.

XXVIII.

Wird der Friede zu Rastadt wirklich zu Stande kommen?

Allerdings, und ganz unzweifelhaft. Es ist mehr als Thorheit dieses bezweifeln zu wollen. Da gegenwärtig alle Hauptpunkte berichtiget sind, und man nur noch über Kleinigkeiten, als Accidenzen schon verwilligter Vorschläge negozirt, so ist daran kein Zweifel. Die Inseln im Rhein, Ehrenbreitstein und ein paar Brükkenköpfe; das Intresse einiger adlichen Familien, und die Stifts-Dependenzen ꝛc. sind warlich keine Gegenstände, um welcher halben Deutschland, welches soviel Staaten auf dem linken Rheinufer abtrat, aufs Neue einige hundert Millionen, die überdem wohl schwer zu finden seyn möchten, und die Wohlfahrt und das Leben seiner Bürger auf dem rechten Rheinufer aufs Spiel setzen möchte. Der Thermometer der Staatskräfte Deutschlands steht zusehr auf dem Gefrierpunkt, daß wir ein Steigen desselben auf übermäßige Hitze in den Negoziationen zu Rastadt befürchten sollten. Indessen in den wichtigsten Kabinetten gearbeitet wird, was werden soll, muß doch auch der Schein in Rastadt beybehalten werden, daß daselbst auch etwas geschehe. Um Zeit für die großen Kabinette zu gewinnen, macht die Reichsdeputation Vorstellungen und Noten, die beantwortet werden müssen, bis die Resultate der Negoziationen zwischen Paris, Wien und Berlin, die ganze Sache beendigen, und den Frieden in einem Augenblicke vollenden.

Sollte England, wie mir es mehr als scheinbar ist, aus Furcht, Hanover zu verlieren, am Frieden Theil nehmen wollen, so ist dieses ein so wichtiger Gegenstand, daß dadurch die Zeit der Vollendung des Friedens natürlich länger dauern muß. England ist gegenwärtig auf dem Punkte, zur tiefsten Demüthigung herabzusteigen. Will die Republik mit England besonders negoziren, was ebenfalls möglich ist, so kann Deutschlands Friede allerdings bald geschlossen seyn. Alles hängt davon ab, in wiefern die gedachten Kabinette mit dem Hauptgeschäfte der Entschädigung einverstanden sind. Dieser Gegenstand ist ein Geheimniß, und wer es ahndet, würde ein Verbrecher seyn, davon zu reden, weil dieses Deutschlands Ruhe auf spätere Zeiten hinausrücken könnte.

Ich schließe hier dieses Supplement, und werde meine fernern Betrachtungen in der Zeitschrift: Europens politische Lage und Staatsintresse, bekannt machen, wovon in Zukunft regelmäßig des Monats ein Heft erscheinen wird, solange die Wichtigkeit der politischen Zeit-Erscheinungen es zuläßt und erheischt.

Den 19ten July 1798.

R.